AF220450

Impressum
Verlag: BABADADA GmbH, Nedderfeld 112 , 22529 Hamburg
Geschäftsführer / Verlagsleitung: Harald Hof
Druck: Books on Demand GmbH, In de Tarpen 42, 22848 Norderstedt

Imprint
Publisher: BABADADA GmbH, Nedderfeld 112 , 22529 Hamburg, Germany
Managing Director / Publishing direction: Harald Hof
Print: Books on Demand GmbH, In de Tarpen 42, 22848 Norderstedt, Germany

المدرسة

school

القسم
klaslokaal
يقسم
delen
186/2
اللوح
bord
schoolplein
المعلم
leraar
ورقة
papier
يكتب
schrijven
القلم
pen
طاولة المكتب
bureau
المسطرة
lineaal
الكتاب
boek
التلميذ
leerling

الحقيبة المدرسية
....
schooltas

المقلمة
....
etui

قلم الرصاص
....
potlood

البرّاية
....
puntenslijper

الممحاة
....
gum

دفتر الرسم
....
schetsblok

2 المدرسة - school

الرسمة

tekening

الفرشاة

penseel

علبة التلوين

verfdoos

المقص

schaar

المادة اللاصقة

lijm

دفتر التمارين

schrift

الواجب المدرسي

huiswerk

12

الرقم

getal

2+2

يجمع

optellen

5-2

يطرح

aftrekken

2×2

يضرب

vermenigvuldigen

يحسب

rekenen

A

الحرف

letter

ABCDEFG HIJKLMN OPQRSTU VWXYZ

الأبجدية

alfabet

hello

كلمة

woord

النص

tekst

يقرأ

lezen

الطبشور

krijt

الحصة

les

دفتر الدوام المدرسي

klassenboek

الامتحان

examen

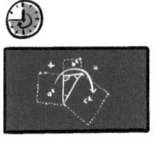

شهادة

diploma

اللباس المدرسي

schooluniform

التعليم

opleiding

الموسوعة

encyclopedie

الجامعة

universiteit

المِجهر

microscoop

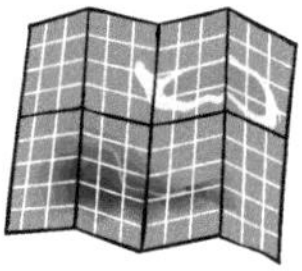

الخريطة

kaart

قماما

prullenmand

فندق
hotel
بيت الشباب
hostel
مكتب صرافة
wisselkantoor
حقيبة
koffer
سيارة
auto

اللغة

taal

نعم / لا

ja / nee

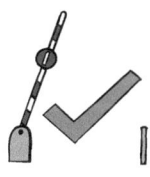

حسناً

oké

مرحباً

Hallo!

مترجم

tolk

شكراً

Bedankt.

كم ثمن ... ؟

Wat kost ...?

لا أفهم

Ik begrijp het niet.

مشكلة

probleem

مساء الخير

Goedenavond!

صباح الخير!

Goedemorgen!

ليلة سعيدة

Goedenacht!

إلى اللقاء

Tot ziens!

اتجاه

richting

أمتعة السفر

bagage

حقيبة

tas

حقيبة ظهر

rugzak

ضيف

gast

غرفة

kamer

كيس للنوم

slaapzak

خيمة

tent

استعلامات سياحية
....
VVV-kantoor

شاطئ
....
strand

بطاقة ائتمان
....
creditkaart

إفطار
....
ontbijt

طعام الغداء
....
lunch

العشاء
....
diner

بطاقة سفر
....
kaartje

مصعد
....
lift

طابع بريدي
....
postzegel

حدود
....
grens

الجمارك
....
douane

سفارة
....
ambassade

تأشيرة
....
visum

جواز سفر
....
paspoort

نقل
transport

طائرة
vliegtuig
سفينة
schip
سيارة إطفاء
brandweerwagen
حافلة
bus
سيارة شاحنة
vrachtauto
زورق آلي
motorboot
درّاجة
fiets
سيارة
auto

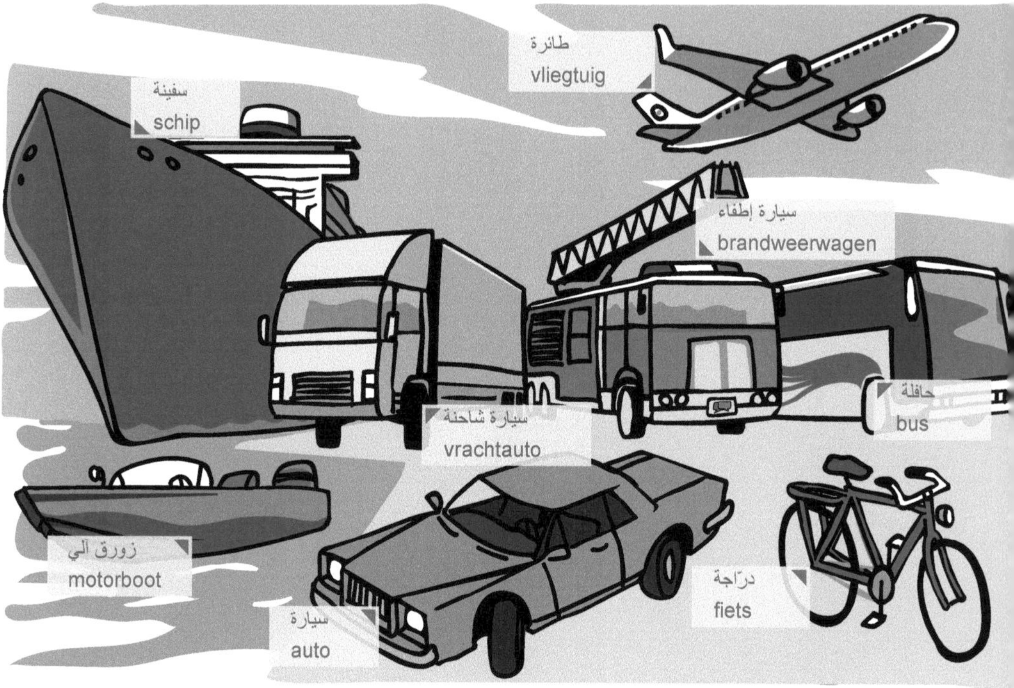

عبارة
....
veerboot

قارب
....
boot

دراجة نارية
....
motorfiets

سيارة شرطة
....
politiewagen

سيارة سباق
....
raceauto

سيارة مستأجرة
....
huurauto

أسلوب تشاركي في استئجار السيارات

....

carsharing

سيارة للجر

....

takelwagen

سيارة نقل القمامة

....

vuilniswagen

محرك

....

motor

وقود

....

benzine

محطة وقود

....

benzinepomp

إشارة مرور

....

verkeersbord

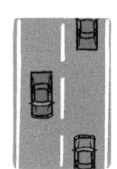

حركة السير

....

verkeer

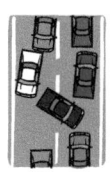

ازدحام سير

....

file

موقف سيارات

....

parkeerplaats

محطة قطار

....

station

سكك حديدية

....

rails

قطار

....

trein

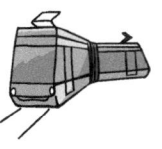

ترام

....

tram

عربة قطار

....

wagon

طائرة مروحية

....

helikopter

مطار

....

luchthaven

برج

....

toren

مسافر

....

passagier

حاوية

....

container

علبة كرتون

....

verhuisdoos

عربة يد

....

kar

سلة

....

mand

يقلع / يهبط

....

opstijgen / landen

مدينة

stad

قرية

....

dorp

مركز المدينة

....

stadscentrum

بيت

....

huis

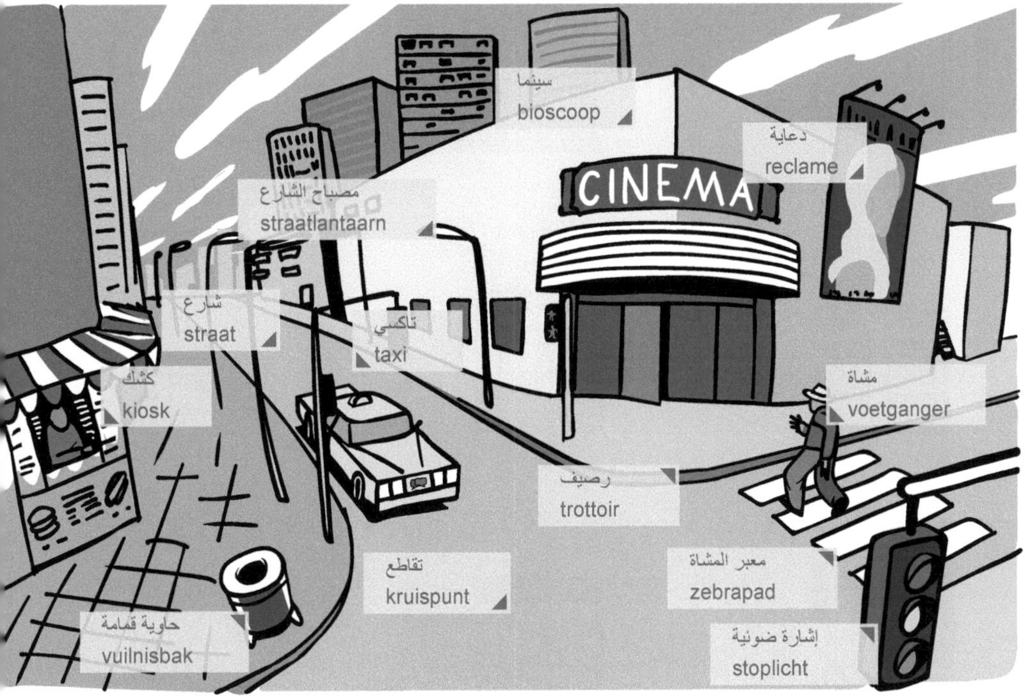

سيثما
bioscoop

دعاية
reclame

مصباح الشارع
straatlantaarn

CINEMA

شارع
straat

تاكسي
taxi

كشك
kiosk

مشاة
voetganger

رصيف
trottoir

تقاطع
kruispunt

معبر المشاة
zebrapad

حاوية قمامة
vuilnisbak

إشارة ضوئية
stoplicht

كوخ
hut

شقة
appartement

محطة قطار
station

دار البلدية
stadhuis

متحف
museum

المدرسة
school

الجامعة

universiteit

مصرف

bank

المستشفى

ziekenhuis

فندق

hotel

صيدلية

apotheek

مكتب

kantoor

مكتبة

boekenwinkel

متجر

winkel

محل لبيع الزهور

bloemenwinkel

سوبرماركت

supermarkt

سوق

markt

متجر كبير

warenhuis

تاجر السمك

visboer

مركز تسوّق

winkelcentrum

ميناء

haven

حديقة عامة

park

مقعد

bank

جسر

brug

درج، سلم

trap

مترو

metro

نفق

tunnel

موقف حافلات

bushalte

بار

bar

مطعم

restaurant

صندوق البريد

brievenbus

لافتة باسم الشارع

straatnaambord

مقياس زمن الوقوف

parkeermeter

حديقة حيوانات

dierentuin

مسبح

zwembad

مسجد

moskee

مزرعة

boerderij

تلوث البيئة

vervuiling

مقبرة

begraafplaats

كنيسة

kerk

ملعب الأطفال

speelplaats

معبد

tempel

طبيعة ريفية

landschap

ورقة
blad

علامة إرشاد
wegwijzer

طَريق
weg

مرج
weide

حجر
steen

شجرة
boom

رحّالة
wandelaar

نهر
rivier

عشب
gras

زهرة
bloem

وادٍ

....

vallei

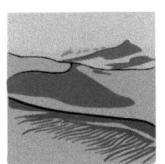

جبل

....

berg

بحيرة

....

meer

غابة

....

bos

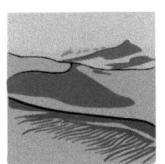

صحراء

....

woestijn

بركان

....

vulkaan

قلعة

....

kasteel

قوس قزح

....

regenboog

فِطر

....

paddenstoel

نخلة

....

palmboom

بعوض

....

mug

ذبّانة

....

vlieg

نملة

....

mier

نحلة

....

bij

عنكبوت

....

spin

خنفساء

kever

ضفدعة

kikker

سنجاب

eekhoorn

قنفذ

egel

أرنب

haas

بومة

uil

عصفور

vogel

بجعة

zwaan

خنزير برّي

wild zwijn

غزال

hert

إلكة

eland

سد

stuwdam

دولاب الطاحونة الهوائية

windmolen

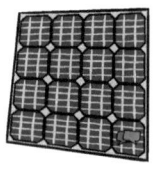

خلية شمسية

zonnepaneel

مناخ

klimaat

مطعم

restaurant

نادل
ober
لائحة الطعام
menu
كرسي
stoel
حساء
soep
بيتزا
pizza
أدوات المائدة
bestek
غطاء المائدة
tafelkleed

مقبلات

voorgerecht

الصحن الرئيسي

hoofdgerecht

حلوى أو فاكهة بعد الطعام

toetje

مشروبات

dranken

طعام

eten

زجاجة

fles

وجبات سريعة
....
fastfood

طعام الشارع
....
eetkraampje

إبريق الشاي
....
theepot

علبة السكر
....
suikerpot

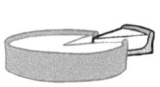

حصّة
....
portie

آلة الإسبريسو
....
espressomachine

كرسي عالٍ
....
kinderstoel

فاتورة
....
rekening

صينية
....
dienblad

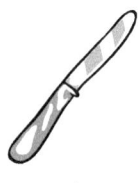

سكين
....
mes

شوكة
....
vork

ملعقة
....
lepel

ملعقة الشاي
....
theelepel

منديل المائدة
....
servet

كأس
....
glas

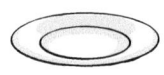

صحن
....
bord

صحن الحساء
....
soepbord

صحن الفنجان
....
schotel

صلصة
....
saus

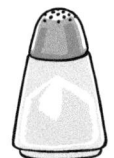

مملحة
....
zoutvaatje

مطحنة الفلفل
....
pepermolen

خلّ
....
azijn

زيت الطعام
....
olie

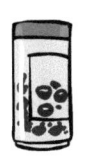

توابل
....
kruiden

كتشاب
....
ketchup

خردل
....
mosterd

مايونيز
....
mayonaise

سوبرماركت

supermarkt

عرض خاص
aanbieding
FOR
زبون
klant
مشتقات الحليب
zuivelproducten
فواكه
fruit
عربة تسوّق
winkelwagen

جزّار
slager

مخبز
bakkerij

يزن
wegen

خضار
groente

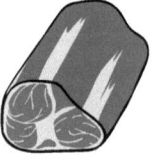

لحم
vlees

المأكولات المجمّدة
diepvriesproducten

مرتدلا أو جبن
....
vleeswaren

معلبات
....
conserven

مسحوق الغسيل
....
wasmiddel

حلويات
....
snoepgoed

المواد المنزلية
....
huishoudelijke artikelen

منظفات
....
schoonmaakmiddel

بائعة
....
verkoopster

صندوق الحساب
....
kassa

أمين صندوق
....
kassier

قائمة المشتريات
....
boodschappenlijstje

أوقات العمل
....
openingstijden

محفظة النقود
....
portefeuille

بطاقة ائتمان
....
creditkaart

حقيبة
....
tas

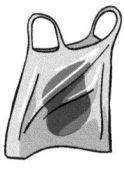

كيس بلاستيكي
....
plastic zak

مشروبات
dranken

ماء
....
water

عصير
....
sap

حليب
....
melk

كولا
....
cola

نبيذ
....
wijn

بيرة
....
bier

كحول
....
alcohol

كاكاو
....
chocolademelk

شاي
....
thee

قهوة
....
koffie

قهوة إسبريسو
....
espresso

كابوتشينو
....
cappuccino

موزة
....
banaan

تفاح
....
appel

برتقال
....
sinaasappel

بطيخ
....
watermeloen

ليمون
....
citroen

جزرة
....
wortel

ثوم
....
knoflook

خيزران
....
bamboe

بصل
....
ui

فطر
....
paddenstoel

لوزيات
....
noten

شعيرية
....
pasta

سباغيتي

spaghetti

أرزّ

rijst

سلطة

salade

بطاطا مقلية

friet

بطاطا مقلية

gebakken aardappelen

بيتزا

pizza

هامبورغر

hamburger

ساندويش

sandwich

شريحة لحم مقلية

schnitzel

لحم خنزير

ham

سلامي

salami

سجق

worst

دجاج

kip

لحم محمر

gebraad

سمك

vis

دقيق الشوفان

havermout

موسلي

muesli

كورن فلكس

cornflakes

طحين

meel

كرواسان

croissant

خبز صغير

broodjes

خبز

brood

خبز محمص

toast

بسكويت

koekjes

زبدة

boter

لبن زبادي

kwark

كعكة

taart

بيضة

ei

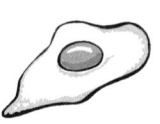

بيض مقلي

gebakken ei

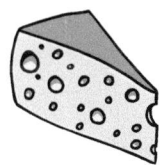

جبنة

kaas

مثلجات
....
ijs

سكر
....
suiker

عسل
....
honing

مربّى الفاكهة
....
jam

كريم النوغا
....
chocoladepasta

الكاري
....
kerrie

مزرعة
boerderij

مخزن غلال
schuur
رزمة من التبن
hooibaal
حقل
veld
حصان
paard
مقطورة
aanhangwagen
جرار
tractor
مهر
veulen
حمار
ezel
خروف
schaap
خروف
lam

ماعز

geit

بقرة

koe

عجل

kalf

خنزير

varken

خنزير صغير

big

ثور

stier

إوزّة

gans

بطة

eend

صوص

kuiken

دجاجة

kip

ديك

haan

جرذ

rat

قطّة

kat

فأر

muis

ثور

os

كلب

hond

كوخ الكلب

hondenhok

خرطوم الحديقة

tuinslang

إبريق

gieter

منجل

zeis

المحراث

ploeg

منجل

sikkel

معزقة

schoffel

مذراة الزبل

hooivork

بلطة

bijl

عربة يد

kruiwagen

معلف

trog

صفيحة الحليب

melkbus

كيس

zak

سياج

hek

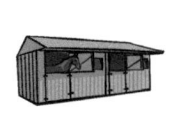

اصطبل

stal

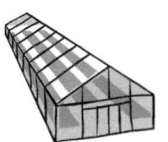

دفيئة

broeikas

تربة

grond

بذور

zaad

سماد

mest

حصّادة درّاسة

maaidorser

يحصد

....

oogsten

محصول

....

oogst

بطاطا يامس

....

yam

قمح

....

tarwe

صويا

....

soja

بطاطا

....

aardappel

ذرة

....

maïs

سلجم

....

koolzaad

شجرة فاكهة

....

fruitboom

نبات منيهوت

....

maniok

الحبوب

....

granen

بيت
huis

مدخنة
schoorsteen
سقف
dak
مزراب
regenpijp
نافذة
raam
جرس الباب
deurbel
مرآب
garage
باب
deur
قماما
prullenbak
صندوق البريد
brievenbus
حديقة
tuin

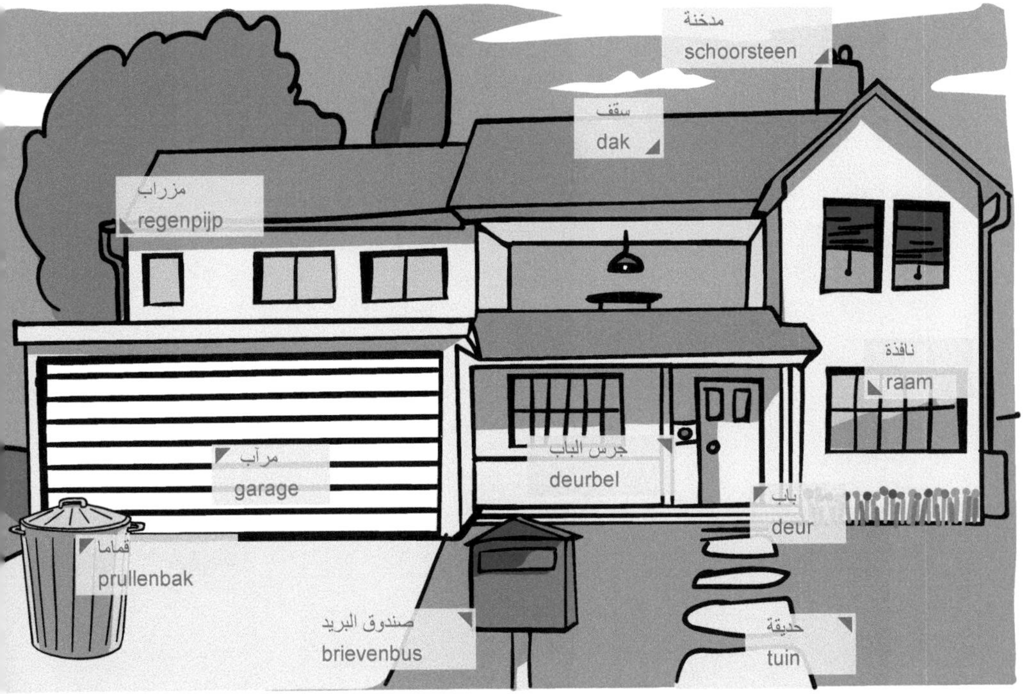

غرفة جلوس
woonkamer

الحمّام
badkamer

مطبخ
keuken

غرفة النوم
slaapkamer

غرفة الأطفال
kinderkamer

غرفة الطعام
eetkamer

أرضية

vloer

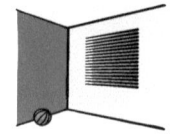

حائط

muur

سقف

plafond

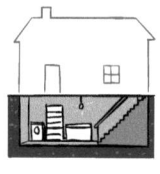

قبو

kelder

ساونا

sauna

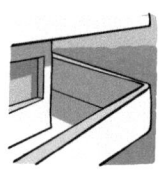

بلكون

balkon

شرفة

terras

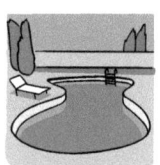

مسبح

zwembad

جزّازة العشب

grasmaaier

بياضات السرير

laken

بطانية

bedsprei

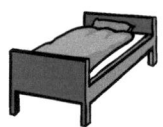

سرير

bed

مكنسة

bezem

سطل

emmer

مفتاح كهربائي

schakelaar

غرفة جلوس

woonkamer

ورق جدران
behang
صورة
foto
مصباح كهربائي
lamp
رف
plank
خزانة
kast
تلفزيون
televisie
موقد مفتوح
open haard
زهرة
bloem
وسادة
kussen
كنبة
bankstel
مزهرية
vaas
تحكم عن بعد
afstandsbediening

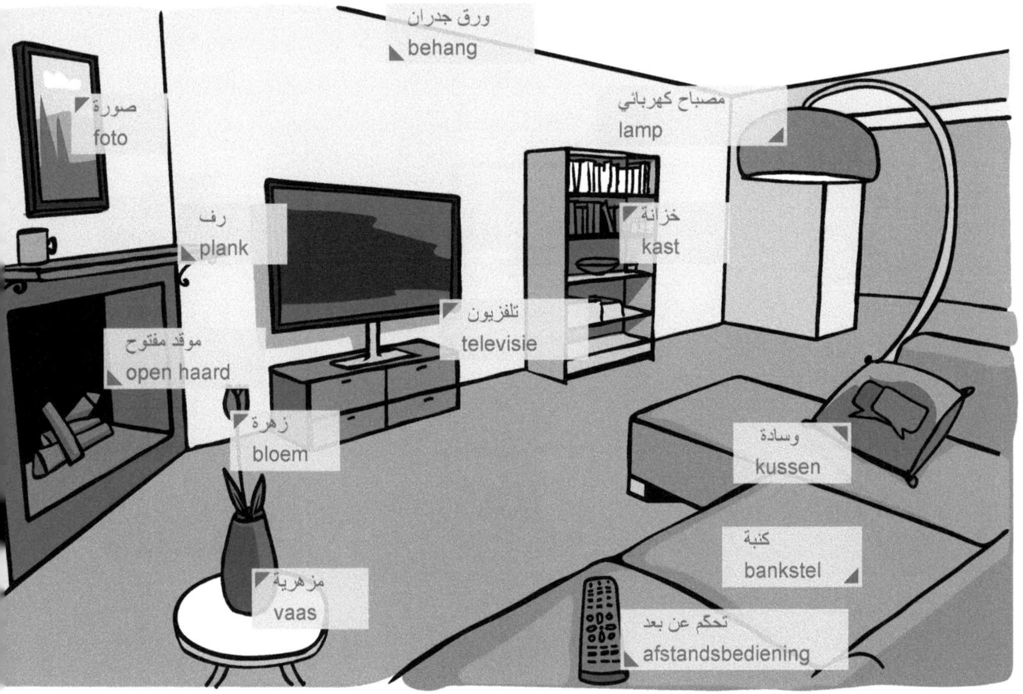

بصاط

tapijt

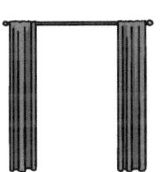

ستارة

gordijn

طاولة

tafel

كرسي

stoel

كرسي هزّاز

schommelstoel

كرسي ذو ذراعين

stoel

الكتاب

boek

بطانية

deken

زخرفة

decoratie

الحطب

brandhout

فيلم

film

تجهيزات ستيريو

stereo-installatie

مفتاح

sleutel

جريدة

krant

لوحة مرسومة

schilderij

مُلصق

poster

راديو

radio

دفتر ملاحظات

kladblok

المكنسة الكهربائية

stofzuiger

صبّار

cactus

شمعة

kaars

مطبخ
keuken

برّاد
koelkast
ميكروويف
magnetron
ميزان المطبخ
keukenweegschaal
محمصة الخبز
toaster
منظفات
schoonmaakmiddel
فرن
oven
ثلاجة
vriesvak
prullenbak
جَلاية
vaatwasser

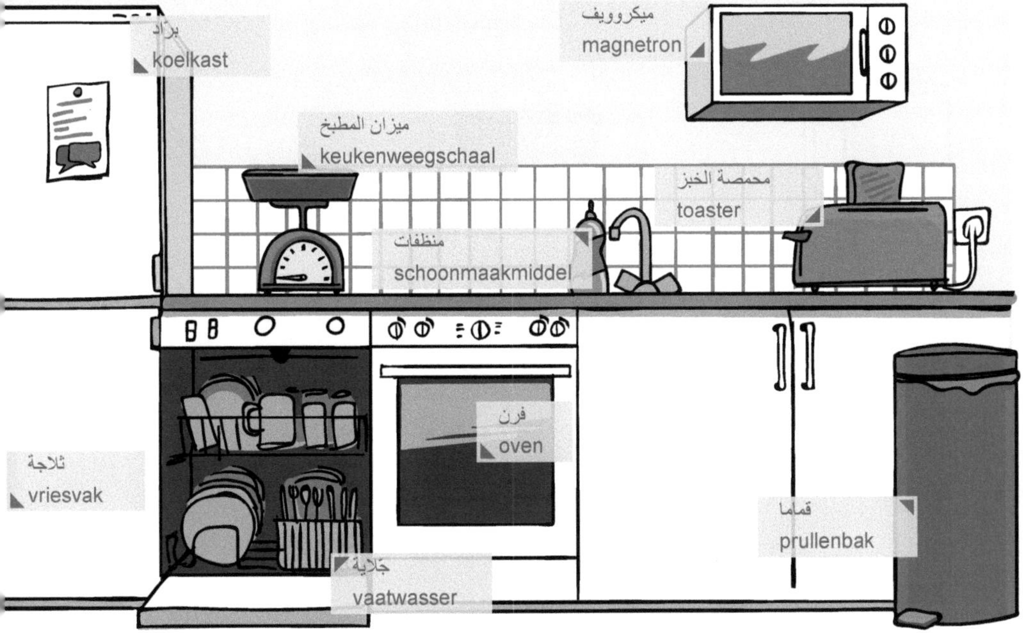

موقد
....
fornuis

قِدر
....
pan

وعاء من الحديد
....
gietijzeren pan

قدر صيني
....
wok / kadai

مقلاة
....
koekenpan

غلاية
....
ketel

مطبخ - keuken 35

قدر البخار

stoomkoker

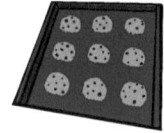

صينية

bakplaat

أواني

servies

فنجان

beker

صحن

kom

عيدان الأكل

eetstokjes

مغرفة

soeplepel

ملعقة منبسطة

spatel

خفاقة

garde

مصفاة

vergiet

مصفاة

zeef

مبشرة

rasp

هاون

vijzel

شواء

barbecue

موقد

vuurhaard

لوح التقطيع

snijplank

نشّابة

deegroller

مفتاح الزجاجات

kurkentrekker

علبة

blik

مفتاح العلب المعدنية

blikopener

قماش الفرن

pannenlap

مجلى

wasbak

فرشاة

borstel

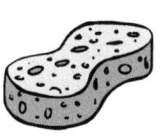

إسفنج

spons

خلاط

blender

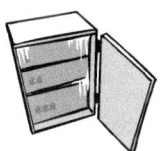

مجمّدة

vriezer

زجاجة الطفل

babyflesje

صنبور الماء

kraan

الحمّام

badkamer

دوش
douche
تدفئة
verwarming
منشفة
handdoek
ستارة الدوش
douchegordijn
حمام رغوة
bubbelbad
حوض الحمام
bad
كأس
glas
غسّالة
wasmachine
صنبور الماء
kraan
بلاط
tegels
قفازات مطاطية
potje
مجلى
wasbak

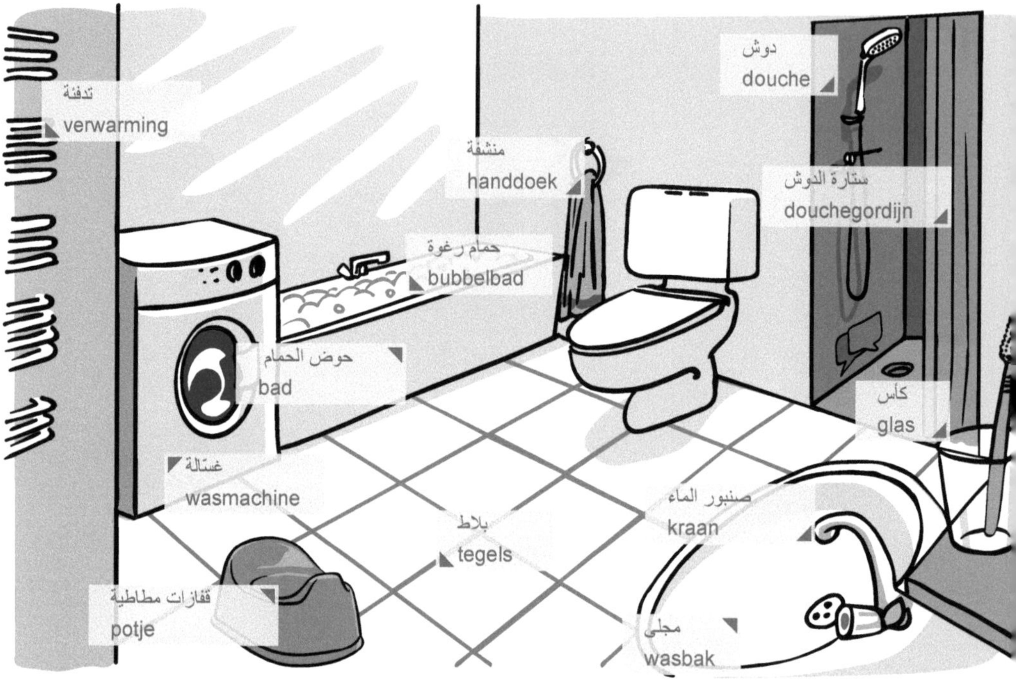

حمام
....
toilet

مرحاض القرفصاء
....
hurktoilet

حوض التشطيف
....
bidet

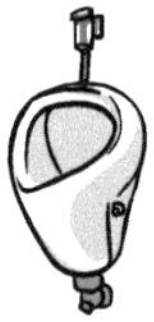

مبولة
....
urinoir

ورق المرحاض
....
toiletpapier

فرشاة الحمام
....
toiletborstel

38 الحمّام - badkamer

فرشاة الأسنان

tandenborstel

معجون الأسنان

tandpasta

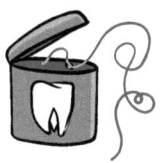

خيط حرير لتنظيف الأسنان

flosdraad

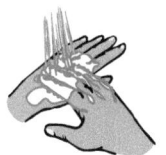

يغسل

wassen

رشاش ماء يدوي

handdouche

شطاف

toiletdouche

حوض الغسيل

waskom

فرشاة الظهر

rugborstel

صابون

zeep

جيل الدوش

douchegel

شامبو

shampoo

ممسحة

washanje

مصرف للماء

afvoer

مرهم

creme

مزيل الروائح

deodorant

مرآة

spiegel

مرآة يد

make-upspiegel

موس حلاقة

scheermes

رغوة الحلاقة

scheerschuim

كولونيا

aftershave

مشط

kam

فرشاة

borstel

سشوار

haardroger

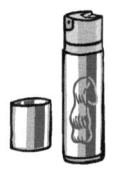

مثبت للشعر

haarspray

ماكياج

make-up

روج

lippenstift

طلاء أظافر

nagellak

قطن

watten

مقص أظافر

nagelschaartje

عطر

parfum

سلة الغسيل

toilettas

مقعد صغير

kruk

ميزان

weegschaal

معطف الحمام

badjas

قفازات مطاطية

rubber handschoenen

سدادة قطنية

tampon

منشفة صحية

maandverband

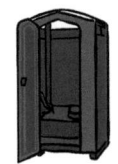

تواليت كيميائية

chemisch toilet

غرفة الأطفال

kinderkamer

منبه
wekker
الحيوانات المحنطة
knuffeldier
سيارة لعبة
speelgoedauto
خشخشة
rammelaar
بيت الدمى
poppenhuis
هدية
cadeau

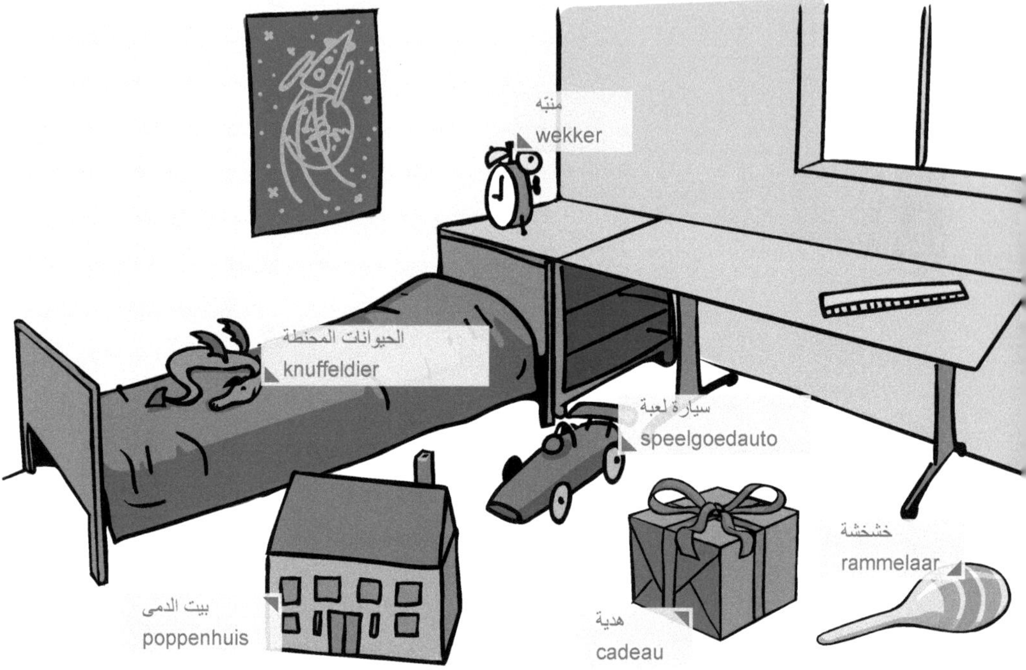

بالون
....
ballon

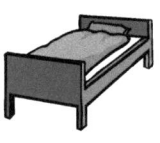

سرير
....
bed

عربة الأطفال
....
kinderwagen

لعبة الورق
....
kaartspel

أحجية
....
puzzel

رسوم هزلية
....
stripverhaal

أحجار الليغو

legostenen

حجارة تركيب

speelgoedblokken

دمية بطل

actiefiguurtje

لباس الطفل

romper

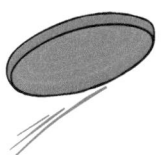

فريسبي

frisbee

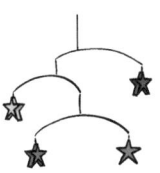

دمية معلّقة

mobile

لعبة الطاولة

bordspel

لعبة النرد

dobbelsteen

لعبة قطار

modeltrein

مصّاصة

speen

حفلة

feestje

كتاب مصوّر

prentenboek

كرة

bal

دمية

pop

يلعب

spelen

ملعب رملي للأطفال

zandbak

أرجوحة

schommel

لعبة

speelgoed

ألعاب فيديو

spelcomputer

دراجة ثلاثية

driewieler

دمية على شكل الدب

teddybeer

خزانة الثياب

kleerkast

ثياب

kleding

جوارب قصيرة

sokken

جوارب طويلة

kousen

جورب بنطلون

panty

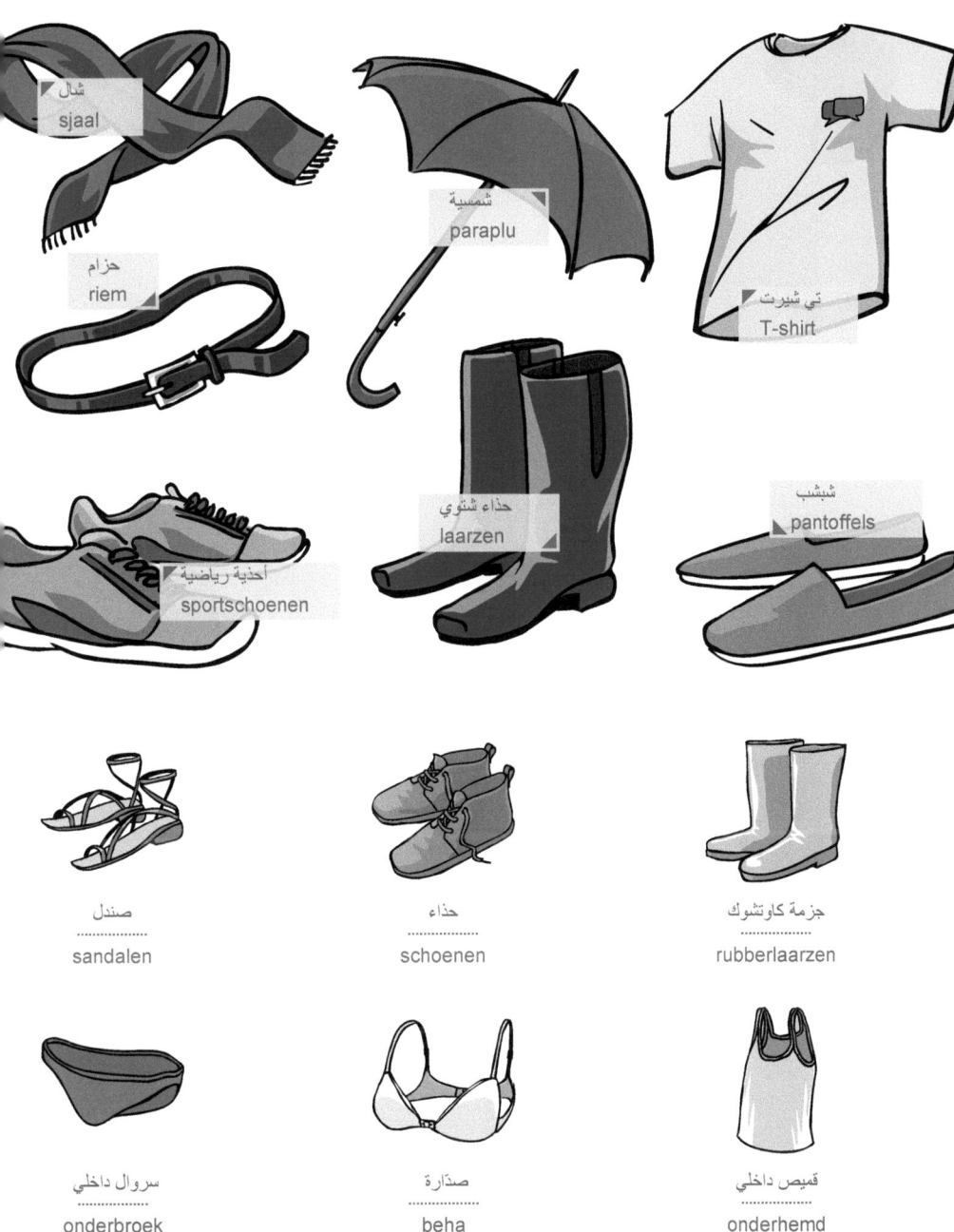

شال
sjaal

ثمسية
paraplu

تي شيرت
T-shirt

حزام
riem

حذاء شتوي
laarzen

شبشب
pantoffels

أحذية رياضية
sportschoenen

صندل
....
sandalen

حذاء
....
schoenen

جزمة كاوتشوك
....
rubberlaarzen

سروال داخلي
....
onderbroek

صدّارة
....
beha

قميص داخلي
....
onderhemd

لباس ملاصق للجسم

body

بنطلون

broek

جينز

spijkerbroek

تنورة

rok

بلوزة

blouse

قميص

overhemd

سترة قطنية

trui

كنزة كم طويل

hoody

سترة فضفاضة

blazer

سترة

jas

معطف

mantel

معطف مطري

regenjas

زي - طقم نسائي

kostuum

ثوب

jurk

ثوب الزفاف

trouwjurk

طقم
pak

قميص نوم
nachthemd

بيجاما
pyjama

ساري
sari

حجاب
hoofddoek

عمامة
tulband

برقع
boerka

قفطان
kaftan

عباءة
abaja

مايوه
zwempak

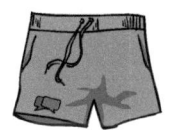

سروال سباحة
zwembroek

شرت
korte broek

بدلة رياضية
trainingspak

مئزر
schort

قفازات
handschoenen

زر
....
knoop

نظّارة
....
bril

إسوارة
....
armband

عقد
....
ketting

خاتم
....
ring

قرط
....
oorbel

طاقيّة
....
pet

علاقة ثياب
....
kledinghanger

قبّعة
....
hoed

ربطة العنق
....
stropdas

سحّاب
....
rits

خوذة
....
helm

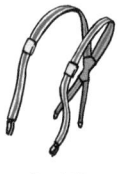

حمّالة البنطلون
....
bretels

اللباس المدرسي
....
schooluniform

زي موحّد
....
uniform

مريلة الأطفال
....
slabbetje

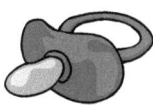

مصّاصة
....
speen

لفافة
....
luier

مكتب
kantoor

المخدّم
server
خزانة الملفات
archiefkast
طابعة
printer
ورقة
papier
شاشة
beeldscherm
فارة
muis
طاولة المكتب
bureau
ملف
map
لوحة المفاتيح
toetsenbord
قماما
prullenmand
حاسوب
computer
كرسي
stoel

كأس من القهوة
....
koffiemok

الآلة الحاسبة
....
rekenmachine

الإنترنت
....
internet

الحاسوب المحمول

laptop

رسالة

brief

خبر

bericht

الهاتف المحمول

mobiele telefoon

شبكة

netwerk

جهاز تصوير

kopieermachine

البرمجيات

software

هاتف

telefoon

مقبس كهربائي

stopcontact

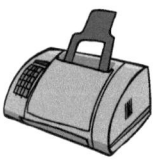

فاكس

fax

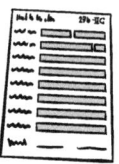

استمارة

formulier

وثيقة

document

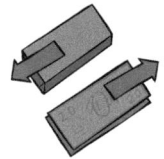

يشتري

kopen

يدفع

betalen

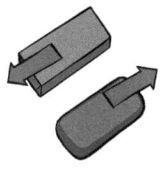

يتاجر

handel drijven

مال

geld

دولار

dollar

يورو

euro

ين

yen

روبل

roebel

فرنك سويسري

Zwitserse frank

يوان

renminbi yuan

روبية

roepie

صرّاف آلي

geldautomaat

مكتب صرافة

wisselkantoor

ذهب

goud

فضة

zilver

نفط

olie

طاقة

energie

سعر

prijs

عقد

contract

ضريبة

belasting

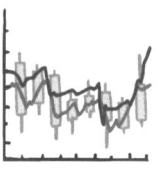

سهم

aandeel

يعمل

werken

موظف

werknemer

رب العمل

werkgever

مصنع

fabriek

متجر

winkel

المِهَن
beroepen

الشرطي
politieagent
رجل إطفاء
brandweerman
طبّاخ
kok
الطبيب
dokter
طيّار
piloot

بستاني
....
tuinman

نجّار
....
timmerman

خيّاطة
....
naaister

قاض
....
rechter

كيميائي
....
scheikundige

ممثّل
....
toneelspeler

سائق حافلة

buschauffeur

سائق تاكسي

taxichauffeur

صياد سمك

visser

أجيرة للتنظيف

schoonmaakster

بنّاء سقف

dakdekker

نادل

ober

صيّاد

jager

رسّام

schilder

خباز

bakker

كهربائي

elektricien

عامل بناء

bouwvakker

مهندس

ingenieur

لحّام

slager

سمكري

loodgieter

ساعي البريد

postbode

جندي

soldaat

مهندس معماري

architect

أمين صندوق

kassier

بائع الزهور

bloemist

حلاق

kapper

مراقب القطار

conducteur

ميكانيكي

monteur

قبطان

kapitein

طبيب أسنان

tandarts

رجل العلم

wetenschapper

حاخام

rabbi

إمام

imam

راهب

monnik

كاهن

pastoor

عدة عمل

gereedschap

كمّاشة
tang
مطرقة
hamer
مفك البراغي
schroevendraaier
مفتاح ربط
moersleutel
مصباح يد
zaklamp

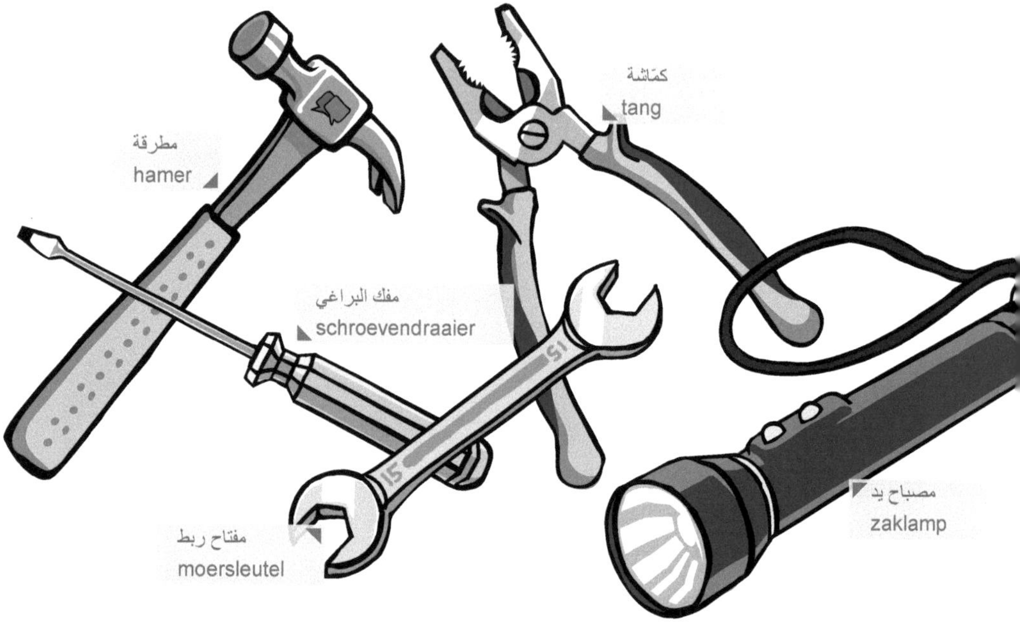

جرافة
....
graafmachine

صندوق العدة
....
gereedschapskist

سلّم
....
ladder

منشار
....
zaag

مسامير
....
spijkers

مثقب
....
boor

يصلح

repareren

مجرفة

schep

اللعنة

Verdorie!

لقاطة الكناسة

stofblik

سطل الألوان

verfpot

براغي

schroeven

آلات موسيقية

muziekinstrumenten

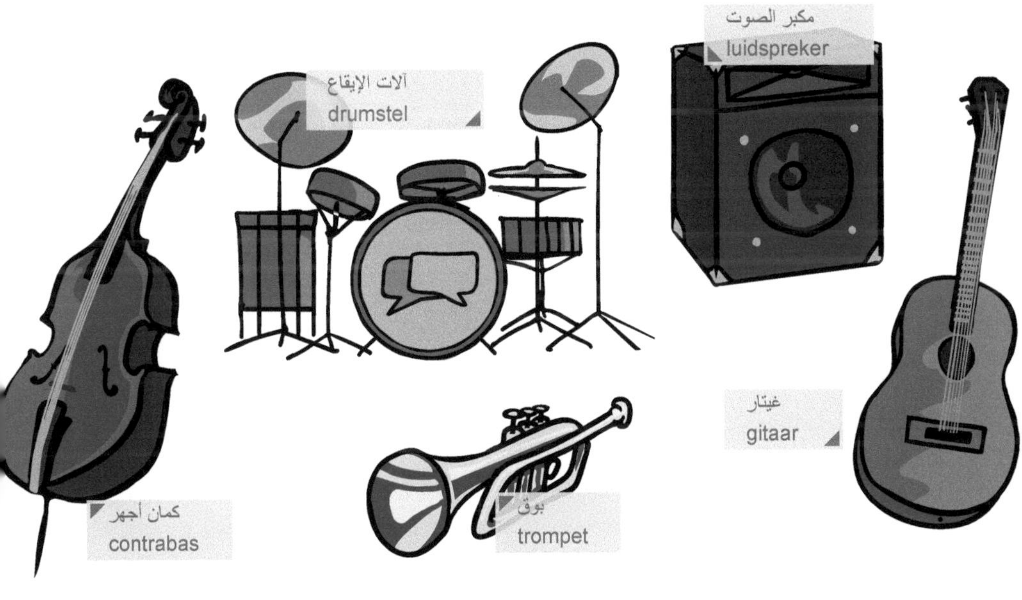

مكبر الصوت
luidspreker

آلات الإيقاع
drumstel

غيتار
gitaar

كمان أجهر
contrabas

بوق
trompet

بيانو

piano

كمنجة

viool

جهير

bas

طبل كبير

pauk

طبل

trommel

بيانو كهربائي

keyboard

ساكسوفون

saxofoon

ناي

fluit

ميكروفون

microfoon

حديقة حيوانات

dierentuin

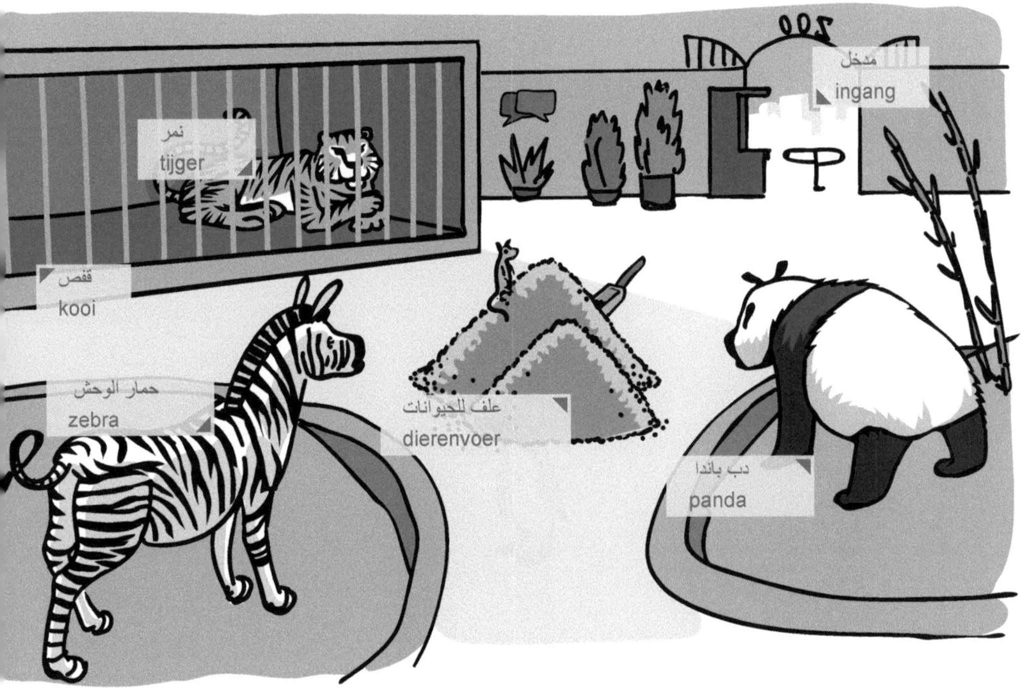
مدخل
ingang
نمر
tijger
قفص
kooi
حمار الوحش
zebra
علف للحيوانات
dierenvoer
دب باندا
panda

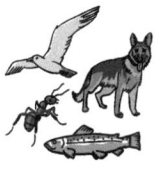

حيوانات

dieren

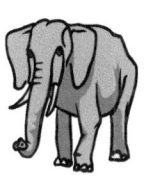

فيل

olifant

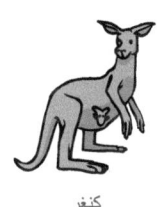

كنغر

kangoeroe

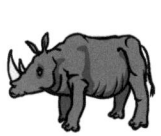

وحيد القرن

neushoorn

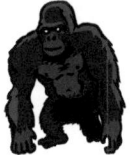

غوريلا

gorilla

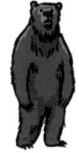

دب

beer

جمل

kameel

نعامة

struisvogel

أسد

leeuw

قرد

aap

طائر فلامينغو

flamingo

ببغاء

papegaai

دب قطبي

ijsbeer

بطريق

pinguïn

سمك القرش

haai

طاووس

pauw

أفعى

slang

تمساح

krokodil

حارس في حديقة الحيوان

dierenverzorger

عجل البحر

zeehond

نمر أمريكي مرقط

jaguar

فرس قزم
....
pony

نمر
....
luipaard

فرس النهر
....
nijlpaard

زرافة
....
giraffe

نسر
....
adelaar

خنزير برّي
....
wild zwijn

سمك
....
vis

سلحفاة
....
schildpad

حيوان فظ البحري
....
walrus

ثعلب
....
vos

غزال
....
gazelle

رياضة

sport

كرة القدم الأمريكية
American football
ركوب الدراجات
wielrennen
كرة التنس
tennis
كرة السلة
basketbal
السباحة
zwemmen
الملاكمة
boksen
هوكي الجليد
ijshockey

كرة القدم
....
voetbal

الريشة الطائرة
....
badminton

ألعاب القوى الخفيفة
....
atletiek

كرة اليد
....
handbal

التزلج على الثلج
....
skiën

بولو
....
polo

نشاطات

activiteiten

يقفز
springen
يعانق
knuffelen
يضحك
lachen
يمشي
lopen
يغنّي
zingen
يحلم
dromen
يصلّي
bidden
يقبل
kussen

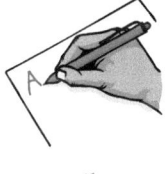

يكتب
....
schrijven

يرسم
....
tekenen

يُري
....
tonen

يدفع
....
duwen

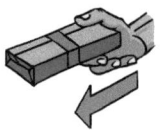

يعطي
....
geven

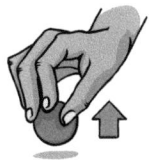

يأخذ
....
oppakken

يملك
....
hebben

يعمل
....
doen

يوجد
....
zijn

يقف
....
staan

يركض
....
rennen

يسحب
....
trekken

يرمي
....
gooien

يقع
....
vallen

يستلقي
....
liggen

ينتظر
....
wachten

يحمل
....
dragen

يجلس
....
zitten

يلبس
....
aankleden

ينام
....
slapen

يستيقظ
....
wakker worden

ينظر إلى ..
....
bekijken

يبكي
....
huilen

يمسّد
....
strelen

يمشّط
....
kammen

يتكلم
....
praten

يفهم
....
begrijpen

يسأل
....
vragen

يسمع
....
horen

يشرب
....
drinken

يأكل
....
eten

يرتب
....
opruimen

يحب
....
houden van

يطبخ
....
koken

يقود
....
rijden

يطير
....
vliegen

يبحر بزورق شراعي

....

zeilen

يحسب

....

rekenen

يقرأ

....

lezen

يتعلم

....

leren

يعمل

....

werken

يتزوج

....

trouwen

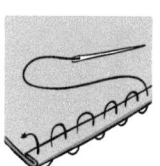

يخيط

....

naaien

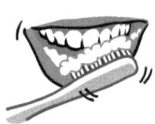

ينظف أسنانه

....

tandenpoetsen

يقتل

....

doden

يدخّن

....

roken

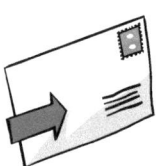

يرسل

....

verzenden

جدّة
grootmoeder
جدّ
grootvader
أب
vader
أم
moeder
الطفل
baby
ابنة
dochter
ابن
zoon

ضيف

....

gast

عمّة / خالة

....

tante

عمّ / خال

....

oom

أخ

....

broer

أخت

....

zus

الجسم

lichaam

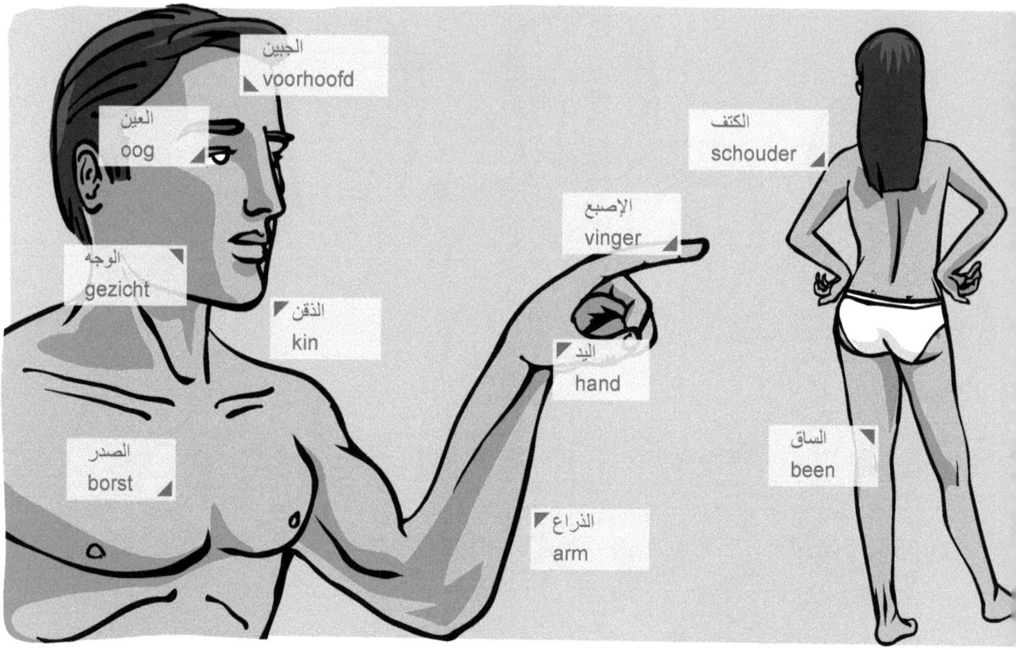

الجبين
voorhoofd
العين
oog
الكتف
schouder
الإصبع
vinger
الوجه
gezicht
الذقن
kin
اليد
hand
الساق
been
الصدر
borst
الذراع
arm

الطفل

baby

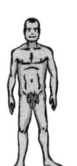

الرجل

man

المرأة

vrouw

البنت

meisje

الولد

jongen

الرأس

hoofd

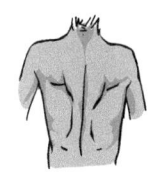

الظهر

rug

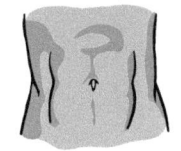

البطن

buik

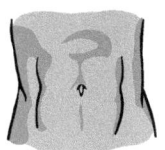

السرّة

navel

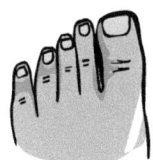

إصبع القدم

teen

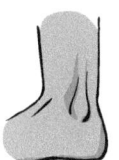

الكعب

hiel

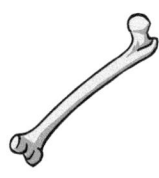

العظم

bot

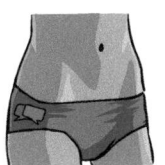

الورك

heup

الركبة

knie

المرفق

elleboog

الأنف

neus

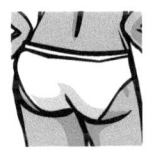

العَجُز

achterwerk

البشرة

huid

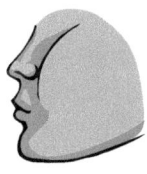

الخد

wang

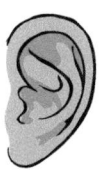

الأذن

oor

الشفة

lippen

الفم

....

mond

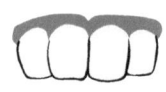

السن

....

tand

اللسان

....

tong

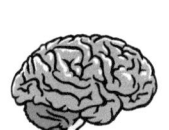

الدماغ

....

hersenen

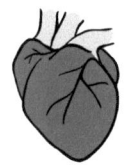

القلب

....

hart

العضلة

....

spier

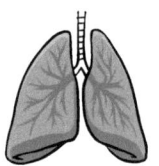

الرئة

....

long

الكبد

....

lever

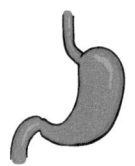

المعدة

....

maag

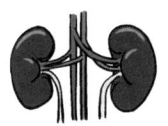

الكِلى

....

nieren

الاتصال الجنسي

....

geslachtsgemeenschap

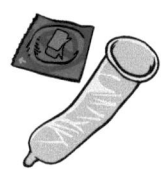

الواقي المطاطي

....

condoom

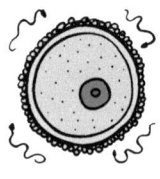

البويضة

....

eicel

المنيّ

....

sperma

الحمل

....

zwangerschap

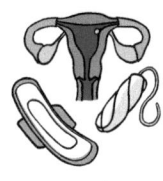

الحيض

menstruatie

المهبل

vagina

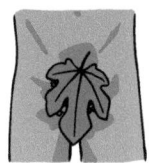

القضيب

penis

الحاجب

wenkbrauw

الشعر

haar

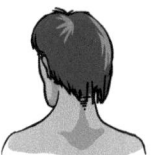

الرقبة

hals

المستشفى

ziekenhuis

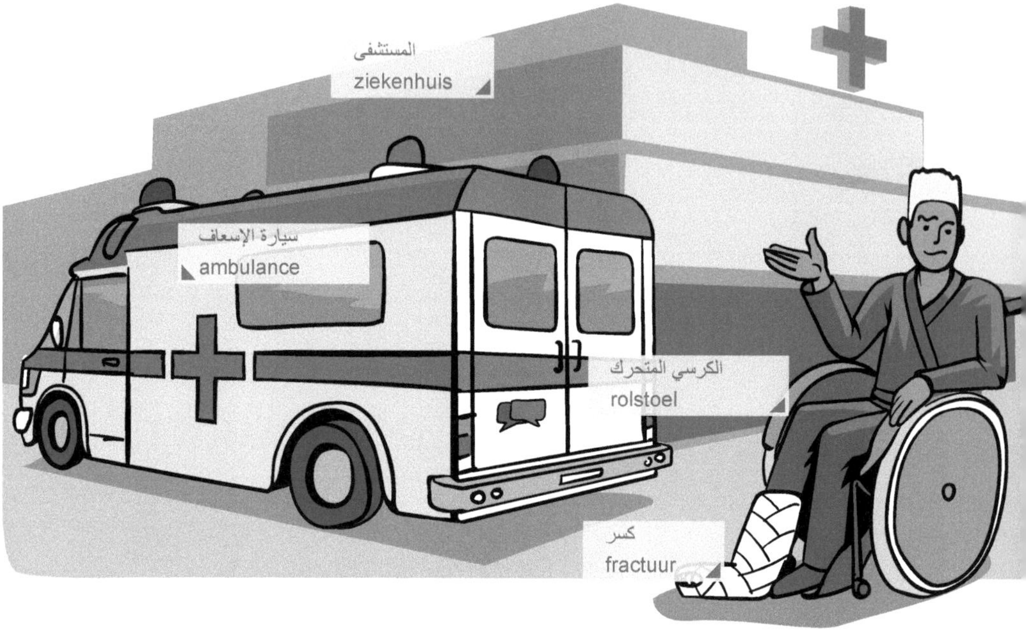

المستشفى
ziekenhuis

سيارة الإسعاف
ambulance

الكرسي المتحرك
rolstoel

كسر
fractuur

الطبيب
dokter

غرفة الإسعاف
EHBO

الممرضة
verpleegster

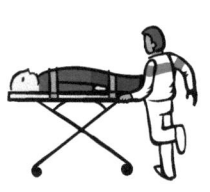

حالة
noodgeval

مغمى عليه
bewusteloos

الألم
pijn

إصابة
....
verwonding

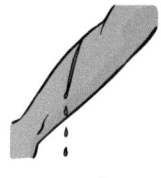

النزيف
....
bloeding

احتشاء القلب
....
hartaanval

جلطة
....
beroerte

حسسية
....
allergie

السعال
....
hoest

الحُمّى
....
koorts

إنفلونزا
....
griep

الإسهال
....
diarree

وجع الرأس
....
hoofdpijn

السرطان
....
kanker

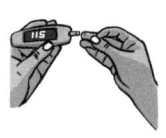

مرض السكر
....
diabetes

جرّاح
....
chirurg

مبضع
....
scalpel

عملية
....
operatie

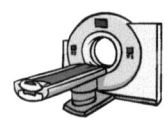

سيتي سكان
CT

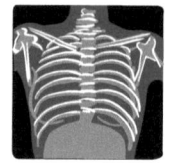

الأشعة السينية
röntgen

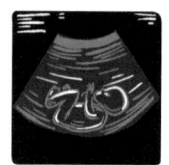

فوق الصوتي
echografie

القناع
gezichtsmasker

المرض
ziekte

غرفة الانتظار
wachtkamer

العُكاز
kruk

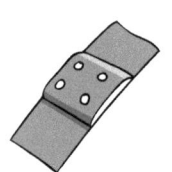

شريط لاصق
pleister

ضماد
verband

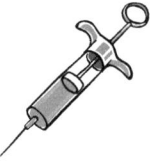

حقنة
injectie

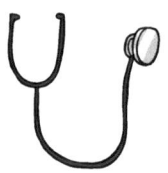

سمّاعة الطبيب
stethoscoop

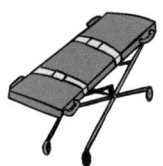

نقالة
brancard

ميزان حرارة
thermometer

ولادة
geboorte

وزن زائد
overgewicht

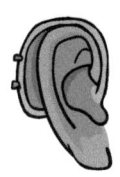

جهاز السمع

gehoorapparaat

المواد المعقمة

ontsmettingsmiddel

عدوى

infectie

فيروس

virus

الإيدز

HIV / AIDS

الطب

medicijn

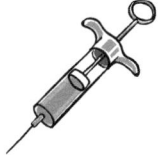

اللقاح

inenting

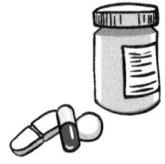

أقراص الدواء

tabletten

حبّة الدواء

pil

نداء النجدة

alarmnummer

مقياس ضغط الدم

bloeddrukmeter

مريض / صحيح

ziek / gezond

حالة

noodgeval

النجدة!
....
Help!

إنذار
....
alarm

اعتداء
....
overval

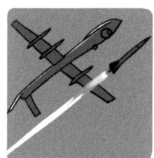

هجوم
....
aanval

خطر
....
gevaar

مخرج طوارئ
....
nooduitgang

حريق!
....
Brand!

جهاز الإطفاء
....
brandblusser

حادث
....
ongeluk

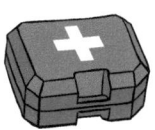

حقيبة الإسعاف الأولي
....
EHBO-koffer

أنقذونا
....
SOS

الشرطة
....
politie

أوروبا
Europa

أمريكا الشمالية
Noord-Amerika

أمريكا الجنوبية
Zuid-Amerika

أفريقيا
Afrika

آسيا
Azië

أستراليا
Australië

المحيط الأطلسي
Atlantische Oceaan

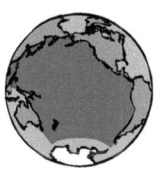

المحيط الهادي
Stille Oceaan

المحيط الهندي
Indische Oceaan

المحيط المتجمد الجنوبي
Zuidelijke Oceaan

المحيط المتجمد الشمالي
Noordelijke IJszee

القطب الشمالي
Noordpool

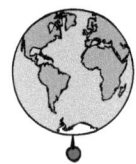

القطب الجنوبي
....
Zuidpool

منطقة القطب الجنوبي
....
Antarctica

أرض
....
aarde

بر
....
land

بحر
....
zee

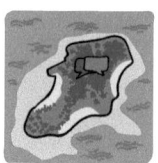

جزيرة
....
eiland

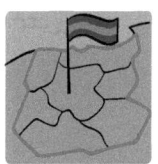

أمة
....
natie

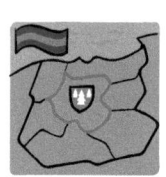

دولة
....
staat

ساعة

klok

ميناء الساعة

....

wijzerplaat

عقرب الساعات

....

uurwijzer

عقرب الدقائق

....

minutenwijzer

عقرب الثواني

....

secondewijzer

كم الساعة الآن؟

....

Hoe laat is het?

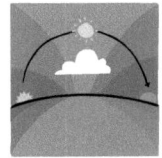

يوم

....

dag

زمن

....

tijd

الآن

....

nu

ساعة رقمية

....

digitaal horloge

دقيقة

....

minuut

ساعة

....

uur

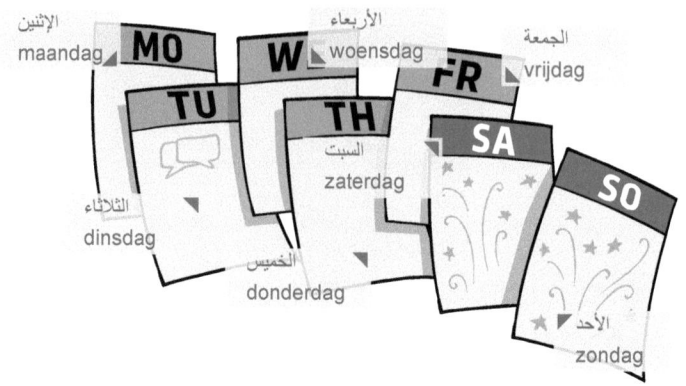

أسبوع

week

الإثنين
maandag
MO
الأربعاء
woensdag
W
الجمعة
vrijdag
FR
TU
TH
SA
SO
الثلاثاء
dinsdag
السبت
zaterdag
الخميس
donderdag
الأحد
zondag

1

الأمس

....

gisteren

2

اليوم

....

vandaag

3

غداً

....

morgen

الصباح

....

ochtend

الظهر

....

middag

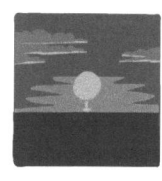

المساء

....

avond

MO TU WE TH FR SA SU
1 2 3 4 5 6 7
8 9 10 11 12 13 14
15 16 17 18 19 20 21
22 23 24 25 26 27 28
29 30 31 1 2 3 4

أيام العمل

....

werkdagen

MO TU WE TH FR SA SU
1 2 3 4 5 6 7
8 9 10 11 12 13 14
15 16 17 18 19 20 21
22 23 24 25 26 27 28
29 30 31 1 2 3 4

نهاية الأسبوع

....

weekend

سنة
jaar

مطر
regen
قوس قزح
regenboog
ريح
wind
ثلج
sneeuw
الربيع
voorjaar
الصيف
zomer
الخريف
herfst
الشتاء
winter

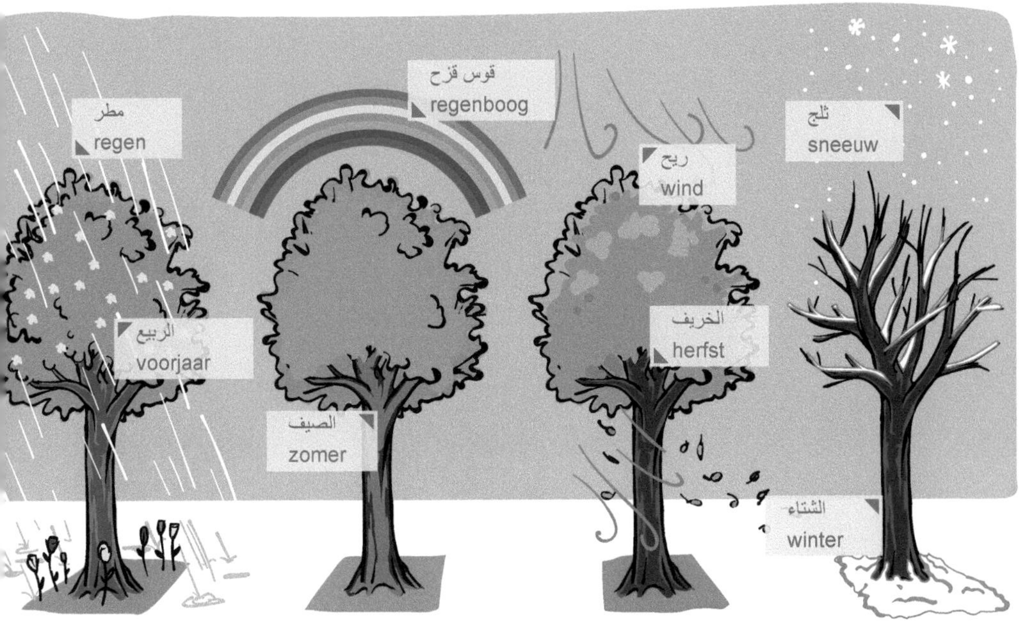

التنبؤ بالحالة الجوية

....

weerbericht

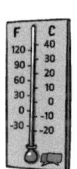

مقياس حرارة

....

thermometer

ضوء الشمس

....

zonneschijn

سحابة

....

wolk

ضباب

....

mist

رطوبة الجو

....

luchtvochtigheid

برق
....
bliksem

رعد
....
donder

عاصفة
....
storm

بَرَد
....
hagel

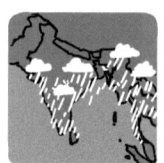

ريح موسمية
....
moesson

طوفان
....
overstroming

جليد
....
ijs

كانون الثاني / يناير
....
januari

شباط / فبراير
....
februari

آذار / مارس
....
maart

نيسان / أبريل
....
april

أيار / مايو
....
mei

حزيران / يونيو
....
juni

تموز / يوليو
....
juli

آب / أغسطس
....
augustus

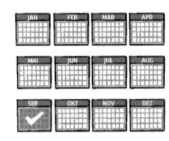

أيلول / سبتمبر

....

september

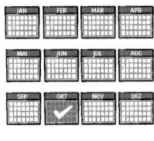

تشرين الأول / أكتوبر

....

oktober

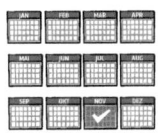

تشرين الثاني / نوفمبر

....

november

كانون الأول / ديسمبر

....

december

أشكال

vormen

دائرة

....

cirkel

مربّع

....

vierkant

مستطيل

....

rechthoek

مثلث

....

driehoek

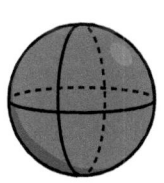

كرة

....

bol

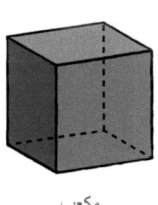

مكعب

....

kubus

ألوان

kleuren

أبيض

wit

أصفر

geel

برتقالي

oranje

وردي

roze

أحمر

rood

بنفسجي

paars

أزرق

blauw

أخضر

groen

بنّي

bruin

رمادي

grijs

أسود

zwart

الأضداد

tegenstellingen

كثير / قليل

....

veel / weinig

غضبان / هادئ

....

boos / rustig

جميل / قبيح

....

mooi / lelijk

بداية / نهاية

....

begin / einde

كبير / صغير

....

groot / klein

فاتح / قاتم

....

licht / donker

أخ / أخت

....

broer / zus

نظيف / وسخ

....

schoon / vies

كامل / ناقص

....

volledig / onvolledig

نهار / ليل

....

dag/ nacht

ميت / حيّ

....

dood / levend

عريض / ضيّق

....

breed / smal

صالح للأكل / غير صالح

....

eetbaar / oneetbaar

شرّير / لطيف

....

gemeen / aardig

مثير / ممل

....

opgewonden / verveeld

سمين / نحيف

....

dik / dun

أولاً / أخيراً

....

eerste / laatste

صديق / عدو

....

vriend / vijand

مليء / فارغ

....

vol / leeg

صلب / ليّن

....

hard / zacht

ثقيل / خفيف

....

zwaar / licht

جوع / عطش

....

honger / dorst

مريض / صحيح

....

ziek / gezond

غير شرعي / شرعي

....

illegaal / legaal

ذكي / غبي

....

intelligent / dom

يسار / يمين

....

links / rechts

قريب / بعيد

....

dichtbij / ver

جديد / مستعمل
....
nieuw / gebruikt

لا شيء / بعض الشيء
....
niets / iets

مسين / شاب
....
oud / jong

يشعل / يطفئ
....
aan / uit

مفتوح / مغلق
....
open / gesloten

خافت / عالٍ
....
zacht / luid

غني / فقير
....
rijk / arm

صح / خطأ
....
goed / fout

أحرش / املس
....
ruw / glad

حزين / سعيد
....
verdrietig / gelukkig

قصير / طويل
....
kort / lang

بطيء / سريع
....
langzaam / snel

مبلول / جاف
....
nat / droog

ساخن / بارد
....
warm / koel

حرب / سلم
....
oorlog / vrede

أرقام
getallen

0

صفر

nul

1

واحد

één

2

اثنان

twee

3

ثلاثة

drie

4

أربعة

vier

5

خمسة

vijf

6

ستة

zes

7

سبعة

zeven

8

ثمانية

acht

9

تسعة

negen

10

عشرة

tien

11

أحد عشر

elf

12

اثنا عشر

twaalf

13

ثلاثة عشر

dertien

14

أربعة عشر

veertien

15

خمسة عشر

vijftien

16

ستة عشر

zestien

17

سبعة عشر

zeventien

18

ثمانية عشر

achttien

19

تسعة عشر

negentien

20

عشرون

twintig

100

مائة

honderd

1.000

ألف

duizend

1.000.000

مليون

miljoen

اللغات

talen

الإنكليزية

Engels

الإنكليزية الأمريكية

Amerikaans Engels

لغة ماندارين الصينية

Chinees Mandarijn

الهندية

Hindi

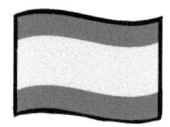

الإسبانية

Spaans

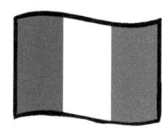

الفرنسية

Frans

العربية

Arabisch

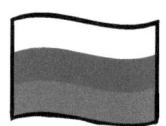

الروسية

Russisch

البرتغالية

Portugees

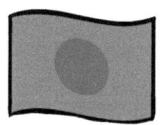

البنغالية

Bengalees

الألمانية

Duits

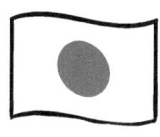

اليابانية

Japans

من / ماذا / كيف

wie / wat / hoe

أنا

ik

أنت

jij

هو / هي

hij / zij / het

نحن

wij

أنتم

jullie

هم

zij

من؟

wie?

ماذا؟

wat?

كيف؟

hoe?

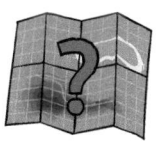

أين؟

waar?

متى؟

wanneer?

اسم

naam

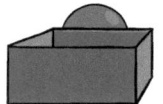

أين

waar

خلف
....
achter

في
....
in

أمام
....
voor

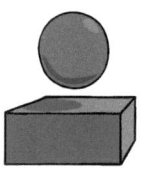

فوق
....
boven

على
....
op

تحت
....
onder

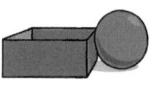

جنب
....
naast

بين
....
tussen

مكان
....
plaats